AF341016

DISCOURS

PRONONCÉ PAR

SON ÉMINENCE LE CARDINAL RICHARD

ARCHEVÊQUE DE PARIS

A LA PRISE DE POSSESSION

DE SON TITRE CARDINALICE

Dans l'Église de S. Maria in Via

LE 14 JANVIER 1890.

PARIS

F. LEVÉ, IMPRIMEUR DE L'ARCHEVÊCHÉ

17, RUE CASSETTE, 17

—

1890

DISCOURS

PRONONCÉ PAR

SON ÉMINENCE LE CARDINAL RICHARD

ARCHEVÊQUE DE PARIS

A LA PRISE DE POSSESSION DE SON TITRE CARDINALICE

Dans l'Église de S. Maria in Via

LE 14 JANVIER 1890.

MON TRÈS RÉVÉREND PÈRE (1),

Je vous remercie des paroles bienveillantes, je devrais dire trop bienveillantes, avec lesquelles vous avez voulu accueillir le nouveau cardinal titulaire de votre église de *Sancta Maria in Via*.

J'ai lu dans la vie de vos saints fondateurs, que la grâce particulière accordée à l'Ordre des Servites était l'imitation de l'humilité de la très sainte Vierge Marie s'estimant heureuse de se dire la Servante du Seigneur : *Ecce ancilla Domini*, au moment où elle devenait sa mère. Cette réflexion se présente d'elle-même à mon esprit, au moment où je me vois revêtu des insignes de la dignité cardinalice dont j'achève de prendre possession par la cérémonie que

---

(1) Le T. R. Père supérieur général de l'Ordre des Servites.

nous accomplissons. Comment en effet ne sentirais-je pas aujourd'hui plus que jamais tout ce qui me manque pour remplir les devoirs attachés à cette haute dignité dans l'Eglise ? J'ai besoin de me réfugier, si je puis parler de la sorte, dans la bonté souveraine avec laquelle le Vicaire de Jésus-Christ a daigné arrêter ses regards sur mon humble personne, et aussi de me mettre sous la protection de l'humilité de la bienheureuse Vierge Marie, en réclamant l'intercession de ses pieux serviteurs.

MESSIEURS,

La prise de possession du titre cardinalice qui couronne les divers actes par lesquels les cardinaux reçoivent successivement les insignes et les prérogatives de leur dignité, me remet en mémoire la pensée que j'exprimais dès le premier jour où l'envoyé de Sa Sainteté m'apportait la nouvelle officielle de ma promotion au cardinalat. Cette pensée se grave de plus en plus dans mon âme et vous me permettrez de l'exposer brièvement devant vous.

Je suis devenu cardinal, prêtre de la sainte Eglise Romaine; j'éprouve un sentiment intime de bonheur à pouvoir unir ce titre à celui d'archevêque de Paris.

Rome est la Mère et la Maîtresse de toutes les Eglises. Lorsque dans les premiers siècles les successeurs de Pierre partageaient la Ville éternelle entre les prêtres qu'ils associaient à leur ministère pastoral, ils posaient les bases d'une institution qui devait s'agrandir avec l'Eglise catholique dans le cours des âges. Les Papes n'ont pas cessé d'envoyer les évêques annoncer l'Evangile dans les diverses contrées du monde ; ils le font encore de nos jours et ils le feront jusqu'à la fin des siècles. De même que, suivant saint Léon le Grand, la parole divine : *Tu es Petrus et super hanc Petram ædificabo Ecclesiam meam* ne cesse pas de retentir dans le monde et de s'accomplir dans la personne des successeurs du Prince des Apôtres ; de même le Sauveur ne cesse de répéter par la bouche de son Vicaire aux ministres de l'Evangile : *Euntes prædicate Evangelium omni creaturæ* : Allez, annoncez l'Evangile à toute créature ; *Et ecce ego vobiscum sum omnibus diebus usque ad consummationem sæculi :* Et voici que je suis avec vous jusqu'à la consommation des siècles.

Or il fallait que l'étroite union qui existe entre le Chef et les membres, entre l'Eglise Mère et les Eglises filles, fût manifestée par une institution reliant autour du Pasteur suprême toutes les nations du monde. C'est, il me semble, ce que réalise l'institution du collège des cardinaux : évêques des églises que le Saint-Père nous a confiées à gouverner, nous sommes en même temps prêtres de la sainte Eglise Romaine.

O Eglise, Mère et Maîtresse de toutes les Eglises de l'univers, il est bon de vous être uni par ce lien sacré ; il est bon de sentir la force de cette unité divine qui, sans diminuer l'existence de chaque Eglise particulière, forme de toutes ces églises une seule Eglise dont Jésus-Christ est le Chef invisible et son Vicaire le Chef visible sur la terre.

N'éprouvons-nous pas tous, Messieurs, une consolation particulière à nous rappeler ces vérités sous le pontificat de notre grand Pape Léon XIII ? Pendant que le monde s'agite, que les âmes s'inquiètent et se troublent en présence des obscurités de l'avenir, Léon XIII, avec l'autorité souveraine de sa parole, ne se lasse pas de donner au monde l'enseignement de la doctrine évangélique et de la vérité sociale qui en découle. Avec une persévérance infatigable il a exposé successivement dans ses admirables Encycliques les principes qui doivent diriger l'esprit humain dans les études philosophiques et scientifiques, les règles établies par la sagesse divine pour l'institution et la conservation de la famille, base de toute société humaine, les vérités qui doivent présider à la constitution des Etats, quelles que soient les formes politiques.

En écoutant la voix du Prince des Pasteurs on redit avec saint Augustin : « Oui, c'est en nous attachant au bois sacré de la croix que nous trouverons un point d'appui pour ne pas être entraînés dans le gouffre ouvert devant nous par les conseils trompeurs et les actes funestes de ceux qui poussent la société dans la voie du mal. »

C'est une grande espérance pour notre patrie, Messieurs, de constater que l'autorité du Souverain-Pontife y est plus que jamais aimée et respectée. Car si nous ne formons qu'une seule famille dans la sainte Eglise catholique, nous apprenons du grand docteur saint Thomas que l'amour de la patrie est une vertu qui se rattache à la piété filiale; je ne saurais donc oublier en ce moment que je suis cardinal français.

Je ne saurais non plus oublier l'impression profonde que j'éprouvais quand le Saint-Père voulut que les évêques français présents à Rome pour son Jubilé sacerdotal assistassent à l'audience de l'ambassadeur de France qui venait offrir au **Père** commun des fidèles les hommages et les félicitations du chef du gouvernement français. C'était la France dans la personne du ministre qui représente si noblement et si chrétiennement notre pays près du Saint-Siège ; c'était la France dans la personne de ses évêques, qui se montrait fidèle aux traditions religieuses et nationales de la Fille aînée de l'Eglise.

Me permettez-vous, Messieurs, avant de terminer, de vous dire les motifs qui me font aimer l'Eglise que le Saint-Père a daigné m'assigner pour titre cardinalice.

Sans doute, l'Eglise de *Sancta Maria in Via* n'est pas du nombre de ces églises illustres qui conservent les glorieux souvenirs de l'antiquité chrétienne. Mais elle doit son origine à une image miraculeuse de la Mère de Dieu. Alexandre IV a présidé à sa fondation et presque dès l'origine elle a été comptée au nombre des paroisses de la ville de Rome. Léon X l'a confiée à l'ordre religieux des Servites et Sixte III l'a érigée en titre cardinalice.

Mais je ne veux pas essayer de redire imparfaitement ce que le très révérend Père, supérieur général des Servites, vient de nous rappeler avec autant d'éloquence que d'érudition. Laissez-moi seulement vous dire, Mon très révérend Père, que c'est à moi de remercier Dieu de m'avoir donné l'Eglise dont vous avez si bien esquissé la glorieuse histoire.

Lorsque la volonté du Saint-Père m'appela à la dignité cardinalice, je n'avais pas voulu manifester de désir pour le choix du titre. Il me semblait que je devais abandonner ce choix à la conduite de la Providence qui me serait manifestée par la décision du Souverain Pontife. Aujourd'hui je bénis Dieu et lui rends grâce pour la portion de l'héritage qu'il m'a donnée dans la Ville Éternelle.

C'est sous le nom et la protection de Notre-Dame que l'Église métropolitaine de Paris est dédiée depuis l'origine. J'aime à invoquer la très sainte Vierge en la saluant du nom de Notre-Dame de Paris qu'elle a daigné prendre pour encourager la France à mettre sa confiance en elle. Il me sera doux de retrouver à Rome la protection de la très sainte Vierge et de l'invoquer sous le titre de *Sancta Maria in Via*. Sur la terre, selon l'expression si vraie de la théologie, nous sommes des voyageurs, nous sommes *in via*. C'est au ciel que nous serons dans la patrie, *in patria*. Et maintenant que le voyage de la vie s'avance pour moi vers le terme de l'éternité, j'aimerai à saluer la glorieuse Vierge sous le titre de *Sancta Maria in Via*.

J'ai hâte d'ajouter que ce qui me rend particulièrement chère mon église cardinalice, c'est de la voir confiée aux Religieux Servites, famille privilégiée de la Mère de Dieu.

Nous assistions il y a deux ans à la solennelle canonisation des sept fondateurs de l'Ordre et chaque année désormais, leur fête étendue à l'Église universelle me deviendra une fête de particulière dévotion. D'ailleurs quel charme de piété respirent les vies de ces hommes de Dieu que la très sainte Vierge choisit avec une prédilection maternelle pour ses serviteurs ! Quel doux souvenir que celui de ces petits enfants saluant leur première apparition dans les rues de Florence par ces mots : *Ecco i servi di Maria :* Voici les serviteurs de Marie ! Ne peut-on pas, mes Révérends Pères, vous appliquer le verset du Psaume ;

Ex ore infantium et lactentium perfecisti laudem? Dieu vous a glorifiés par la bouche des petits enfants encore suspendus au sein de leurs mères.

Dans la longue série des serviteurs de Dieu qui ont illustré votre saint ordre, pourrais-je oublier saint Philippe Benizzi qui vint à Paris puiser la science théologique dans l'antique faculté de la Sorbonne où enseignèrent saint Thomas et saint Bonaventure; et cette pieuse Julienne de Falconieri, fondatrice des Religieuses Servites dont l'innocence angélique fut récompensée par la communion miraculeuse de l'heure de sa mort?

Que vos prières, mes Révérends Pères, m'obtiennent quelque participation aux bénédictions dont la très sainte Vierge n'a cessé d'enrichir l'Ordre de ses serviteurs. J'aimerai à porter votre scapulaire de la Vierge des Sept Douleurs et à réciter sa Couronne. Peut-il être une dévotion plus confortante et plus douce pour un évêque que la méditation des douleurs de Marie?

C'est sur vos prières que je m'appuie, en m'humiliant de me voir le successeur des cardinaux qui ont obtenu le titre de *Sancta Maria in Via :* du vénérable Bellarmin, du cardinal Silvio Savelli, du cardinal Donnet, archevêque de Bordeaux, que j'avais appris à vénérer dès ma jeunesse sacerdotale, et dont j'aime à unir le nom aux noms illustres des siècles précédents.

Mi perdonerete, Padri e Signori miei, d'aver usato in questa mia allocuzione la lingua francese. Sono troppo conscio della mia imperizia nel parlare la vostra bella lingua italiana perchè avessi ardito servirmene in questa circonstanza solenne. Eppure non voglio terminare senza fare uso di qualche parola italiana per esprimere l'affetto che ho conservato alla vostra patria ed a Roma, dacchè giovane sacerdote, venni a visitare i sepolcri dei Santi Apostoli, dei vostri Martiri e di tanti altri Santi, che fanno a questa città una corona di gloria alla quale nulla altra può uguagliarsi.

Vi prego di gradire questa debole espressione del mio grato animo per la benevola accoglienza che ho sempre ricevuto qui a Roma, badando piuttosto al sentimento del cuore che alla forma troppo rozza del mio parlare,

Faccia Iddio che la parola di Nostro Signore Gesú Cristo si verifichi presto : *Erit unum ovile et unus pastor!* Faccia Iddio che tutte le nazioni della terra, unite per il vincolo della fede e della carità, sotto l'autorità di Pietro, abbiano uno stesso linguaggio, come nei primi giorni del mondo, allorchè la terra *erat unius labii;* cioè cognoscano tutti e confessino il vero Dio ed il suo unico Figlio Gesú Cristo, a cui appartiene la gloria nei secoli de' secoli! Amen! (1).

(1) Vous me pardonnerez, mes Pères et Messieurs, d'avoir usé dans cette allocution de la langue française. Je sens trop mon inhabileté à parler votre belle langue italienne pour avoir osé m'en servir dans cette circonstance solennelle. Je ne veux cependant pas terminer sans en faire usage pour exprimer l'affection que j'ai conservée pour votre patrie et pour Rome depuis que, jeune prêtre, je suis venu visiter les sépulcres des saints apôtres, des martyrs et de tant de saints qui font à votre cité une couronne de gloire telle que nulle autre n'en possède une pareille.

Je vous prie d'agréer la faible expression de ma reconnaissance pour l'accueil bienveillant que j'ai toujours reçu à Rome, sans trop prêter attention à l'imperfection de mon langage, mais seulement aux sentiments de mon cœur.

Fasse Dieu que la parole de Notre-Seigneur Jésus-Christ se vérifie bientôt, *Erit unum ovile et unus pastor!* Fasse Dieu que toutes les nations de la terre, unies par les liens de la foi et de la charité, sous l'autorité de Pierre, usent d'un même langage comme aux premiers jours du monde, alors que la terre entière *erat unius labii* et que tous connaissent et confessent le vrai Dieu et son fils unique Jésus-Christ à qui appartient la gloire dans les siècles des siècles! Amen!

19614. — Paris, F. Levé, imprimeur de l'Archevéché, rue Cassette, 17.